Inhalt

Zehnpunkteprogramm zur Stärkung der Unternehmensintegrität und des Anlegerschutzes: Was ist umgesetzt?

Kernthesen

Beitrag

Fallbeispiele

Weiterführende Literatur

Impressum

Zehnpunkteprogramm zur Stärkung der Unternehmensintegrität und des Anlegerschutzes: Was ist umgesetzt?

M. Floßmann

Kernthesen

- Die derzeit laufende Umsetzung des im Februar 2003 veröffentlichten Zehnpunkteprogramms zur Stärkung der Unternehmensintegrität und des Anlegerschutzes wird kontrovers diskutiert.
- Anlegerschützer monieren die

Zurückstellung der Manageraußenhaftung sowie die Vernachlässigung einzelner Punkte, wie beispielsweise die Verbesserung der Aufsicht und Kontrolle am Grauen Markt.
- Seitens der Unternehmer wird eine einseitige Orientierung an Anlegerinteressen kritisiert man befürchtet eine Überregulierung, die einer positiven Entwicklung des Finanzplatzes nicht förderlich wäre.
- Bereits in Kraft getreten ist das Anlegerschutzgesetz, von Bundestag verabschiedet sind das Gesetz zur Unternehmensintegrität und zur Modernisierung des Anfechtungsrechts, das Kapitalanlegermusterverfahrensgesetz, das Bilanzrechtreformgesetz sowie das Bilanzkontrollgesetz, während das Kapitalinformations-Haftungsgesetz, das die Managerhaftung gegenüber den Kapitaleignern beinhaltet, bis auf weiteres zurückgestellt wurde.

Beitrag

Derzeit wird die Umsetzung des im Februar 2003 von der Regierung veröffentlichten

Zehnpunkteprogramms vorangetrieben.
Zu den zahlreichen Einzelgesetzen gibt es aktuell
viele Diskussions- und Kritikpunkte.

Inhalte des Zehnpunkteprogramms zur Stärkung der Unternehmensintegrität und des Anlegerschutzes in Kurzform:

-Punkt 1: Persönliche Haftung von Vorstand und Aufsichtsrat gegenüber der Gesellschaft, Verbesserung des Klagerechts (siehe Umag)
-Punkt 2: Persönliche Haftung von Vorstand und Aufsichtsrat bei Falschinformationen (siehe KaplnHaG-Entwurf)
-Punkt 3: Verbesserung der Transparenz (siehe AnsvG)
-Punkt 4: Anpassung der Bilanzregeln an internationale Maßstäbe (siehe BilReG)
-Punkt 5: Mehr Kontrolle von Wirtschaftsprüfern (siehe APAG)
-Punkt 6: Unabhängige Bilanzkontrolle (sieheBilKoG)
-Punkt 7: Börsenreform und Weiterentwicklung des Aufsichtsrechts
-Punkt 8: Besserer Schutz von Anlegern am "Grauen

Markt"
-Punkt 9: Mehr Verlässlichkeit von Unternehmensanalysen
-Punkt 10: Schärfere Strafen für Kapitalmarktdelikte

Stand der Umsetzung

Umag
Das Gesetz zur Unternehmensintegrität und zur Modernisierung des Anfechtungsrechts (Umag) soll die Haftung des Vorstands und des Aufsichtsrats gegenüber dem Unternehmen (Innenhaftung) sowie die Anfechtungsklage in der Hauptversammlung neu regeln. Das Gesetz sieht vor, dass Anteilseigner, die gemeinsam ein Prozent des Grundkapitals oder einen Börsenwert von 100 000 EUR vertreten, eine Sonderprüfung oder eine Klage gegen den Vorstand erwirken können. Um ungerechtfertigte Klagen zu vermeiden, muss der Kläger in einem Vorverfahren entsprechende Beweise vorlegen.
Ein Haftungsfreiraum für unternehmerische Entscheidungen soll erhalten bleiben.
Zudem ist im Umag das Frage-/ und Rederecht sowie das gerichtliche Freigabeverfahren geregelt. (1)

KapMuG (2)
Das Kapitalanlegermusterverfahrensgesetz führt für

Massenklagen von Kapitalanlegern ein Musterverfahren vor dem zuständigen Oberlandesgericht ein, dessen Urteil für alle gleichgerichteten Klagen im selben Fall verbindlich ist. Die Kläger müssen wie bisher zunächst einzeln ihre Klage beim zuständigen Landesgericht erheben.

Kapitalinformationshaftungsgesetz (KaplnHaG)
Nach kontroverser Diskussion nicht verabschiedet wurde der Entwurf zum KaplnHaG. Dieser sieht die persönliche Haftung von Vorstand, Aufsichtsrat bzw. Verwaltungsorganen von Aktiengesellschaften bzw. sonstigen Emittenten gegenüber Anlegern für grob fahrlässige sowie vorsätzliche Falschinformation bzw. Nicht-Information vor (Manageraußenhaftung). Als Haftungshöchstsumme sind vier Jahresgehälter beabsichtigt. Die Manager können sich für grob fahrlässige Verstöße teilweise durch eine D&O-Versicherung absichern, nicht jedoch für absichtliche Handlungen.
Mit der Umsetzung wird man wohl bis zum Vorliegen einer entsprechenden EU-Gesetzgebung warten. (3)

Anlegerschutzverbesserungsgesetz (AnsvG)
Bereits in Kraft ist das Anlegerschutzverbesserungsgesetz. Ein Kernpunkt ist das entschlossenere Vorgehen gegen Insiderdelikte. Dem Gesetz zufolge ist generell die Weitergabe von Insiderinformationen untersagt, während die

bisherige Regelung nur die sogenannten Primärinsider betraf. Geahndet wird künftig auch ein fahrlässiger Verstoß gegen das Iniderrecht.
Insiderverzeichnisse müssen geführt werden, Verdachtsfälle müssen der Bundesanstalt für Finanzdienstleistungsaufsicht (BaFin) gemeldet werden.
Zudem forciert das Gesetz die Ad-hoc-Publizitätspflicht dahingehend, dass wesentlich mehr kursrelevante Informationen sofort weitergeleitet werden müssen. (4)

Bilanzrechtsreformgesetz (BilReG) (5)
Enthält neue Bestimmungen zur Unabhängigkeit des Abschlussprüfers mit Verbotstatbeständen bei gleichzeitiger Prüfung und Beratung eines Mandanten.
Neu geregelt sind auch die Vorschriften zur Verpflichtung der Rechnungslegung nach IAS/IFRS sowie neue, höhere Schwellenwerte zur Einteilung in Größenklassen der Kapitalgesellschaften.

Bilanzkontrollgesetz (BilKoG)
Beinhaltet die Schaffung einer unabhängigen Stelle sowie die Einführung eines zweistufigen Verfahrens zur Kontrolle der Abschlüsse von Unternehmen, deren Papiere an einer deutschen Börse gehandelt werden.

Abschlussprüferaufsichtsgesetz (APAG) (6)
Zur Kontrolle der Wirtschaftsprüfer liegt ein Gesetzesentwurf zur Einführung einer unabhängigen Abschlussprüferkomission (APAK) vor.

Kritische Stellungnahmen

Die Gesetze stoßen seitens der Wirtschaft auf vielfache Kritik. Man befürchtet eine wesentliche Beeinträchtigung der unternehmerischen Entscheidungsfreiheit. Zudem seien die einzelnen Regelungen nicht aufeinander abgestimmt. Fehlende Detailregelungen beim bereits in Kraft getretenen Anlegerschutzverbesserungsgesetz erzeugen Rechtsunsicherheit bei den betroffenen Gesellschaften.
Insbesondere spricht sich der Bundesverband der Deutschen Industrie (BDI) deutlich gegen die Einführung einer Manageraußenhaftung aus. Die aus dem Zehnpunkteprogramm hervorgegangenen Einzelgesetze seien zu anlegerorientiert und nicht geeignet, künftige Börsengänge zu fördern und den hiesigen Finanzplatz zu stärken. (12)

Anlegerschützer kritisieren die Zurückstellung des geplanten KapInHaG, das für Deutschland eine Manageraußenhaftung eingeführt hätte. Zudem seien in wesentlichen Punkten des Zehnpunkteprogramms kaum Fortschritte gemacht worden, beispielweise bei der Kontrolle und Aufsicht am Grauen Markt.

Als nicht weitgehend genug bezeichnet die Regierungskommission Corporate Governance die Inhalte des KapMuG. Kritisiert wird vor allem eine zu kurze Verjährungsfrist sowie das Fehlen einer akzeptablen Kostenregelung. (2)

Offene Punkte

-Inwieweit und wann wird die Manageraußenhaftung eingeführt.
-Wie sind die Auswirkungen auf den hiesigen Finanzplatz.

Fallbeispiele

Bei Inkrafttreten des KapMuG wird dieses auch auf den Telekom-Prozess anwendbar sein. Die Kernthemen würden dann in Form von zehn

"Musterfällen" im Vorfeld vor dem zuständigen Oberlandesgericht verhandelt. Das jeweilige Urteil wäre auf die übrigen Kläger im Telekom-Fall geht man von circa 17 000 Anlegern und 2 200 Klagen aus - anwendbar. (8), (9)

Beispiel der Auswirkungen des Anlegerschutzverbesserungsgesetzes bei der Suche eines börsennotierten Unternehmens nach einen neuen Investor. Versäumnisse bei der Veröffentlichungspflicht können zahlreiche Schadensersatzansprüche begründen. (10)

Eine Umfrage des Informationsdienstleisters Euro-Adhoc ergab, dass sich von 61 befragten Investor-Relations-Managern lediglich vier für umfassend informiert halten, jeder fünfte bezeichnet seinen Kenntnisstand als unzureichend. (11)

Weiterführende Literatur

(1) Regierung unternimmt weitere Schritte zum Anlegerschutz
aus Frankfurter Allgemeine Zeitung, 16.11.2004, Nr. 268, S. 12

(2) Verbesserter Anlegerschutz durch Kapitalanlegermusterverfahrensgesetz (KapMuG)?
aus Going Public, Heft 10/2004, S. 57-59

(3) Die direkte Managerhaftung verzögert sich
aus Frankfurter Allgemeine Zeitung, 10.11.2004, Nr. 263, S. 13

(4) Das neue Anlegerschutzverbesserungsgesetz ist am Dienstag in Kraft getreten - Auswirkungen lebhaft diskutiert Viele Herausforderungen durch neues Gesetz
aus Die SparkassenZeitung, 15.10.2004, Nr. 42, S. 5

(5) Kontrolle der Kontrolleure
aus Consultant, Vol. 6, Heft 11/2004, S. 28-31

(6) Unternehmen sollten sich auf Prozeßflut einstellen
aus Frankfurter Allgemeine Zeitung, 03.11.2004, Nr. 257, S. 23

(7) Risikoprüfung heute deutlich strenger D & O-Versicherungen werden immer wichtiger
aus Börsen-Zeitung, 26.11.2004, Nummer 230, Seite B2

(8) KfW und Deutsche Bank sind bei der Telekom in der Pflicht Landgericht verneint aber direkte Verantwortung von Ron Sommer - Prozess auf Juni 2005 vertagt - Gesetzesnovelle soll Verfahren erleichtern
aus Börsen-Zeitung, 24.11.2004, Nummer 228, Seite 9

(9) Musterklagen-Gesetz wird nicht alle Probleme des Telekom-Prozesses lösen
aus Frankfurter Allgemeine Zeitung, 26.11.2004, Nr. 277, S. 29

(10) Zu Risiken und Nebenwirkungen fragen Sie Ihren Anwalt
aus Börsen-Zeitung, 27.11.2004, Nummer 231, Seite 8

(11) Finanzaufsicht besänftigt Unternehmen BaFin will Anlegerschutzgesetz anfangs milde auslegen · Firmen unsicher wegen fehlender Details
aus Financial Times Deutschland vom 11.11.2004, Seite 17

(12) BDI hält Managerhaftung für schädlich
aus Frankfurter Allgemeine Zeitung, 25.10.2004, Nr. 249, S. 13

Impressum

Zehnpunkteprogramm zur Stärkung der Unternehmensintegrität und des Anlegerschutzes: Was ist umgesetzt?

Bibliografische Information der deutschen Nationalbibliothek

Die Deutsche Nationalbibliothek verzeichnet diese Publikation in der deutschen Nationalbibliografie; detaillierte bibliografische Daten sind im Internet über http://dnb.d-nb.de abrufbar.

ISBN: 978-3-7379-0554-1

© 2015 GBI-Genios Deutsche Wirtschaftsdatenbank GmbH, Freischützstraße 96, 81927 München, www.genios.de

Alle Rechte vorbehalten. Dieses Werk ist einschließlich aller seiner Teile – z.B. Texte, Tabellen und Grafiken - urheberrechtlich geschützt. Jede Verwertung außerhalb der Grenzen des Urheberrechtsgesetzes bedarf der vorherigen

Zustimmung des Verlags. Dies gilt insbesondere auch für auszugsweise Nachdrucke, fotomechanische Vervielfältigungen (Fotokopie/Mikroskopie), Übersetzungen, Auswertungen durch Datenbanken oder ähnliche Einrichtungen und die Einspeicherung und Verarbeitung in elektronischen Systemen.